BEI GRIN MACHT SICH IHR WISSEN BEZAHLT

AF141762

- - Wir veröffentlichen Ihre Hausarbeit,
  Bachelor- und Masterarbeit

- - Ihr eigenes eBook und Buch -
  weltweit in allen wichtigen Shops

- - Verdienen Sie an jedem Verkauf

Jetzt bei www.GRIN.com hochladen und kostenlos publizieren

Markus Dreßler

APAB/4 - Programmiersprache der SAP

„Advanced Business Application Programming, 4th generation language"

GRIN Verlag

Bibliografische Information der Deutschen Nationalbibliothek:

Die Deutsche Bibliothek verzeichnet diese Publikation in der Deutschen National-
bibliografie; detaillierte bibliografische Daten sind im Internet über http://dnb.d-
nb.de/ abrufbar.

Impressum:

Copyright © 2004 GRIN Verlag GmbH
Druck und Bindung: Books on Demand GmbH, Norderstedt Germany
ISBN: 978-3-638-67684-7

Dieses Buch bei GRIN:

http://www.grin.com/de/e-book/33034/apab-4-programmiersprache-der-sap

GRIN - Your knowledge has value

Der GRIN Verlag publiziert seit 1998 wissenschaftliche Arbeiten von Studenten, Hochschullehrern und anderen Akademikern als eBook und gedrucktes Buch. Die Verlagswebsite www.grin.com ist die ideale Plattform zur Veröffentlichung von Hausarbeiten, Abschlussarbeiten, wissenschaftlichen Aufsätzen, Dissertationen und Fachbüchern.

Besuchen Sie uns im Internet:

http://www.grin.com/

http://www.facebook.com/grincom

http://www.twitter.com/grin_com

Ausarbeitung im Rahmen des Seminars „Programmiersprachen"
(Sommersemester 2004)

APAB/4

Markus Dreßler

Praktische Informatik in der Wirtschaft
Institut für Wirtschaftsinformatik (FB 4)
Westfälische Wilhelms-Universität Münster

Inhaltsverzeichnis

1 Einleitung

Die Programmiersprache ABAP/4 - Abkürzung für „Advanced Business Application Programming, 4th generation language" - ist die konzerneigene Programmiersprache der deutschen Firma SAP AG und zentraler Bestandteil ihrer Software-Produkte. SAP, der drittgrößte Softwarekonzern der Welt [vgl. FK03, S.19], ist ein Hersteller betrieblicher Standardsoftware mit dem Schwerpunkt auf „Enterprise Resource Planning" und besitzt im 1. Quartal 2004 einen um 3% gesteigerten weltweiten Marktanteil von 54% in diesem Segment [vgl. IQ1].

Im Umfeld des wichtigsten SAP-Produktes, dem modularen Gesamtsystem „R/3" mitsamt seinen aktuellen Erweiterungen „mySAP Technologie" und „SAP NetWeaver" zur Unterstützung moderner Technologien wie Internet und Java, spielt ABAP eine entscheidende Rolle. Sämtliche R/3-Module sowie Teile des Basissystems wurden von SAP in ABAP erstellt [vgl. KK00, S.19]. SAP stellt auch eine eigene ABAP-Entwicklungsumgebung zur Verfügung, mit der vorhandene Geschäftsmodule angepasst oder neue Programme hinzugefügt werden können.

Aus dieser Bedeutung ergibt sich die Motivation, sich näher mit dieser SAP-eigenen Programmiersprache zu befassen. Im Folgenden wird im zweiten Kapitel zunächst auf grundlegende Eigenschaften der Sprache ABAP und ihres SAP-Entwicklungsumfeldes eingegangen. Im dritten Kapitel werden die besonders hervorstechenden Merkmale, die ABAP von herkömmlichen Programmiersprachen unterscheiden, untersucht sowie die wichtigsten, ABAP zugrunde liegenden Konzepte betrachtet. Seit neuestem konzentriert sich SAP auch auf die Einbeziehung von Java als gleichberechtigte Sprache neben ABAP [vgl. FK03, S.16]. Daher wird abschließend ein Ausblick auf die zu erwartende zukünftige Bedeutung der Sprache ABAP im SAP-Kontext gegeben.

Übereinstimmend mit dem Seminarthema werden „ABAP Objects" und „ABAP/4" in diesem Text der Einfachheit halber „ABAP" genannt, gemeint ist jedoch der momentan aktuelle Stand der Sprache. „ABAP Objects" beinhaltet nach wie vor alle Konzepte und Komponenten von „ABAP/4".

2 Grundlegendes über ABAP

2.1 Entstehungsgeschichte des modernen ABAP

Die COBOL-basierte Sprache ABAP kann bereits auf eine lange Evolutionsgeschichte zurückblicken [vgl. MEN00, S.57]. In den 70er Jahren war ABAP noch keine Hochsprache, sondern lediglich ein Hilfsmittel zur Erstellung von Berichten. Die Abkürzung ABAP stand damals noch für „Allgemeiner Berichts-Aufbereitungs-Prozessor" [vgl. KK00, S.19]. Im Zuge der SAP „R/2"-Einführung seit 1981 avancierte ABAP zur vollwertigen Programmiersprache, das heißt, sie beinhaltet nun auch wesentliche Sprachelemente wie Verzweigungen, Schleifen und logische Ausdrücke [vgl. FK03, S.113].

Mit dem Erscheinen der neuen und aktuellen SAP-Architektur „R/3" fand 1993 auch der Namenswechsel von ABAP zu „Advanced Business Application Programming" statt und die Sprache wurde durch den Zusatz „/4" offiziell als Programmiersprache der vierten Generation gekennzeichnet [vgl. KK00, S.19]. Den vorerst letzten Evolutionsschritt vollzog ABAP im Jahr 2000, als die Sprache, parallel zur neuen Web-Unterstützung der SAP-Produkte, um grundlegende objektorientierte Komponenten erweitert wurde. Seitdem heißt die Sprache offiziell „ABAP Objects" [vgl. FK03, S.23].

2.2 Grundlegende Sprachprinzipien von ABAP

Während Java oder C++ als Allzweck-Sprachen gelten, dient ABAP dem speziellen Zweck der Entwicklung betriebswirtschaftlicher Anwendungen [vgl. FK03, S.331]. Wie bei Perl oder JavaScript handelt es sich bei ABAP um eine Interpreter-Sprache [vgl. IQ2], bei der der auszuführende Code nicht vorab vollständig in Maschinencode, sondern lediglich in einen Zwischencode übersetzt wird. Ein Interpreter wandelt dann erst zur Programmlaufzeit jede Befehlszeile einzeln um und sendet sie zur Ausführung zum Prozessor [vgl. FK03, S.20-24].

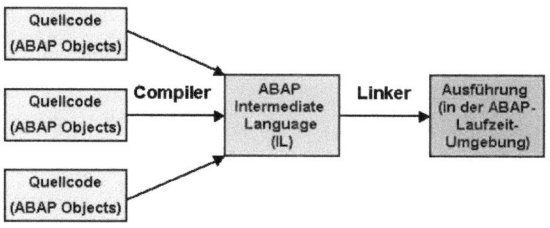

Abbildung 1: Der Vorgang der Quelltextübersetzung bei ABAP [FK03, S.58]

Der Vorteil gegenüber einer reinen Compiler-Sprache wie C++ sind unkompliziertere Quelltextübersetzungen („Builds"), denn jedes Entwicklungsobjekt wird für sich allein genommen übersetzt. Der Austausch einzelner Entwicklungsobjekte gegen neue ist daher einfacherer [vgl. FK03, S.57-58]. Damit geht allerdings der Nachteil einher, dass das Programm während der Laufzeit weniger performant ist, da ein Teil der Übersetzungen erst bei der Ausführung geschieht.

Wie SQL und Matlab ist ABAP, anders als Java, C und Visual Basic, eine Sprache der vierten Generation. Solche Sprachen werden dadurch gekennzeichnet, dass sie sich nah an einer Naturalsprache, also der Sprache von Menschen, befinden. Solche Sprachen beinhalten sehr leistungsfähige und von der Hardware abstrahierende Sprachelemente, insbesondere integrierte Befehle zur Verarbeitung von Tabellen- bzw. Datenbank-Inhalten, z.B. mit integrierten SQL-Befehlen. Ein Beispiel aus ABAP hierfür ist der LOOP-Befehl (siehe Abschnitt 3.2.1) [vgl. FK03, S.113]. ABAP besitzt zusätzlich eigene Befehle zur Kommunikation zwischen Prozessen, welche ansonsten vom Betriebssystem bereit gestellt werden.

Es existieren zwei wesentliche grundlegende Programmiermodelle: das prozedurale und das objektorientierte. Während im prozeduralen Modell nur der Quelltext zum Zwecke der Wiederverwendbarkeit mittels Unterprogrammen und Funktionen gegliedert wird, fassen objektorientierte Sprachen die Daten und den Code jeweils zu wiederverwendbaren Einheiten zusammen [vgl. FK03, S.331]. Seit dem Jahr 2000 beinhaltet ABAP beide Modelle, wobei dem Programmierer freie Hand gelassen wird, welches er verwenden möchte. Anders als bei „streng" objektorientierten Sprachen wie z.B. Eiffel ist in ABAP auch eine Mischung der beiden Modelle in einem Programm möglich [vgl. KK00, S.20].

Parameter können an aufzurufende Funktionen entweder als Referenz auf dieselbe Speicherstelle oder als eine neue Kopie im Speicher übergeben werden, wie es z.B. in Java ausschließlich der Fall ist [vgl. IQ3]. Diese beiden Übergabekonzepte werden in der Software-Entwicklung als „Call by reference" bzw. „Call by value" bezeichnet. ABAP verwendet prinzipiell die Übergabe von Referenzen, jedoch ist es auch möglich, Parameter fallweise als Wert zu übergeben, indem sie mit dem Schlüsselwort `VALUE([Parameter])` umschlossen werden [vgl. FK03, S.165].

2.3 Umfeld und Anwendungsgebiete von ABAP

Bei ABAP handelt es sich um eine weltweit täglich im Praxiseinsatz stehende Sprache mit über einer Million registrierten Entwicklern [vgl. FK03, S.9]. Aus diesem Grund sind auch Entwicklungsumfeld und Anwendungsgebiete von ABAP Schwerpunkte dieser Untersuchung.

Die fundamentale Aufgabe von ABAP-Programmen ist die benutzergesteuerte Verarbeitung von Daten aus der Datenbank [KK00, S.83]. Da tendenziell große Firmen mit Tausenden von Mitarbeitern und umfangreichen Massendaten SAP einsetzen, gibt es spezielle Schwerpunkte bei den Anforderungen an ABAP-Programme. Besonderer Wert wird auf Multi-User-Fähigkeit, hohe Datenverarbeitungsgeschwindigkeit sowie langfristige Zuverlässigkeit gelegt [vgl. FK03, S.11]. Daten betriebswirtschaftlicher Anwendungen liegen oft in tabellarischer Form vor und sind eher in Datenbanken als in Dateien gespeichert. Daher werden in ABAP, anders als in herkömmlichen Sprachen, Programme und Daten grundsätzlich in einer Datenbank gespeichert [vgl. FK03, S.199]. In diesen Gebieten liegen daher die Vorteile von ABAP, das sich durch eine sprachliche Unterstützung zur Arbeit mit Tabellen auszeichnet.

Besonders auffällig bei der Betrachtung der proprietären Sprache ABAP ist, dass in ihr erstellte Programme im Gegensatz zu vielen anderen geläufigen Sprachen nicht eigenständig lauffähig sind. Es ist, anders als in C oder Java, nicht möglich, eine Binärdatei zu kompilieren, die unmittelbar von einem echten oder virtuellen Prozessor ausgeführt werden kann. Stattdessen benötigt ein ABAP-Programm zwangsläufig ein SAP-Basis-System, in dessen Umfeld es ausgeführt wird. Die folgende Darstellung verdeutlicht die Drei-Schichten-Architektur eines SAP-R/3-Systems und die Stellung von ABAP-Anwendungen [vgl. KK00, S.84].

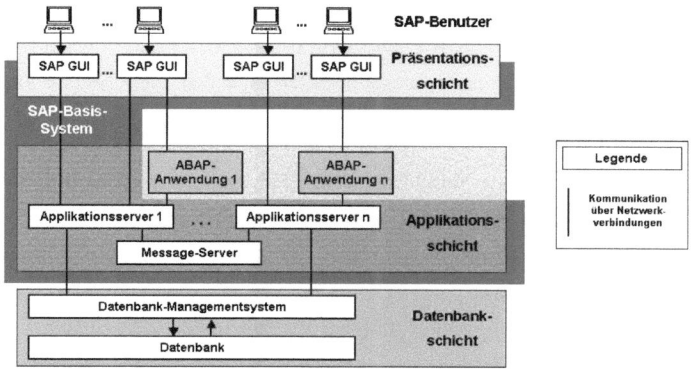

Abbildung 2: Client-Server-Architektur des SAP-Systems mit Einordnung von ABAP-Anwendungen

Die drei Schichten dieses Modells deuten bereits auf die Möglichkeit der physischen Trennung einzelner SAP-R/3-Komponenten zur besseren Lastenaufteilung hin. Im Einzelnen nimmt ein Dispatcher zur Lastenaufteilung Anforderungen der einzelnen GUIs entgegen und verteilt diese auf Workprozesse, von denen jeder Server mehrere besitzt. Die Abbildung zeigt weiterhin, dass das Basis-System für eine ABAP-Anwendung ein notwendiger Mittler zwischen den Benutzern und dem Datenbanksystem ist. ABAP-Anwendungen benötigen zwar ein Basis-System, sind aber unabhängig von Hardware und Betriebssystem ausführbar [vgl. KK00, S.85].

Teil des SAP-Basis-Systems ist auch eine umfangreiche Entwicklungsumgebung, die „ABAP Development Workbench". Vergleichbar mit Produkten wie z.B. „Borland JBuilder" für Java stellt auch die ABAP-Entwicklungsumgebung alle wesentlichen Werkzeuge zur Software-Entwicklung wie Editor und Debugger zur Verfügung. Hervorzuheben ist, dass es in der ABAP Workbench sogar Werkzeuge zur Laufzeitanalyse und -optimierung der Programme gibt [vgl. WEN01, S.179]. Außergewöhnlich und hilfreich ist auch die Fähigkeit der ABAP-Entwicklungsumgebung, Funktionen losgelöst vom Gesamtprogramm zu testen und ihre ein- und ausgehenden Parameter künstlich zu pflegen [vgl. FK03, S.171].

Da SAP den größten Teil seiner Neuentwicklungen selbst in ABAP entwickelt, gibt es umfassende von SAP vorgegebene Programmierrichtlinien, an die sich externe Entwickler zu halten haben [vgl. FK03, S.467-476]. Die wichtigsten dieser auf Softwarequalität und Wartbarkeit abzielenden Maßnahmen sind:

- Separate Entwicklungsklassen zur Strukturierung größerer Projekte

- Reservieren von Namensräumen für Objekte bei SAP. Durch weltweit einmalige Objektnamen ist problemloses Portieren auf andere SAP-Systeme möglich

- Namenskonventionen für Variablen und Datenelemente

- Vorgabe eines Schichtenmodells mit vier Schichten zur Gruppierung verwendeter Funktionen nach deren Aufgaben. Dies dient der besseren Abgrenzung und Aufteilung der Entwicklung in größeren Projektteams [vgl. FK03, S.415-416]

In den betriebswirtschaftlichen Modulen des R/3-Systems ist üblicherweise ein sogenannter „User Exit" vorhanden. Bei diesem handelt es sich um eine Programmierhülse, also eine Schnittstelle, die ABAP-Entwickler nutzen können, um an den jeweiligen Modulen Erweiterungen vorzunehmen. Solche Erweiterungen können beispielsweise eine zusätzliche Prüfung oder ein zusätzlichen Feld auf der Bildschirmmaske sein. Vorteilhaft bei diesem Vorgehen ist, das solche individuellen Erweiterungen auch nach einem Release-Wechsel von SAP und einer damit einhergehenden Aktualisierung der jeweiligen Anwendung erhalten bleiben können, da die Schnittstellen gleich bleiben. ABAP ist ein wichtiges Werkzeug zur flexiblen Anpassung der vorgegebenen Anwendung an das jeweilige Unternehmen.

Erwähnenswert ist die Fähigkeit von ABAP und seiner Entwicklungsumgebung zur expliziten Unterstützung von mehrsprachigen Applikationen. Gerade in einer Welt zunehmender Globalisierung und Vernetzung verschafft diese Fähigkeit ABAP - und damit SAP - einen Vorteil, den andere Sprachen nicht besitzen [vgl. FK03, S.133]. Textelemente für die Benutzeroberfläche wie Feldbeschreibungen und Listenüberschriften werden multilingual außerhalb der Programme in einer Tabelle gepflegt. Die Tabelleninhalte sind aus dem Quelltext heraus wie eine Konstante ansprechbar. Je nach eingestellter Landessprache des Benutzers bei der Anmeldung an das SAP-System werden in der laufenden ABAP-Anwendung dann automatisch die richtigen Texte ausgewählt und angezeigt [vgl. FK03, S.133].

3 Besonderheiten und Konzepte von ABAP

3.1 Abgrenzung und Unterschiede zu herkömmlichen Programmiersprachen

Zusätzlich zu bereits genannten Besonderheiten unterscheidet sich ABAP auch an anderen Stellen deutlich von den „Standardsprachen" C, Java oder Visual Basic. Mit über 500 Sprachelementen hat ABAP, verglichen mit ca. 40 bei C und Java, die wohl umfangreichste Liste an Befehlen [vgl. FK03, S.113]. Die Hauptgründe hierfür sind:

- Beibehaltung veralteter Befehle zur Abwärtskompatibilität [vgl. FK03, S.24]

- Existenz von zwei Programmiermodellen (siehe Abschnitt 2.2)

- Befehle einer Sprache der 4. Generation (siehe Abschnitt 2.2) [vgl. FK03, S.13]

ABAP-Applikationen bestehen im Gegensatz zu Applikationen in C oder Pascal nicht aus einem einzigen großen Programm, sondern aus vielen kleinen Einzelprogrammen für jeweils spezielle Aufgaben. Dies hat den Vorteil, dass weniger Hauptspeicherplatz benötigt wird, da nicht alle Teile einer thematisch zusammenhängenden Applikation in den Hauptspeicher geladen werden müssen [vgl. FK03, S.78].

Bei den elementaren Datentypen unterscheidet sich ABAP insofern zu anderen Sprachen, weil es keinen expliziten booleschen Datentyp gibt, der die Werte „Wahr" bzw. „Falsch" aufnehmen könnte. Stattdessen benutzt man eine Variable, die entweder das Zeichen „X" oder ein Leerzeichen zugewiesen bekommt [vgl. FK03, S.131]. Des Weiteren gibt es in ABAP keine Arrays, also aufeinanderfolgende, reservierte Hauptspeicherbereiche für gleichartige Variablen. Stattdessen werden dynamische Tabellen im Hauptspeicher verwendet [vgl. FK03, S.113], die allerdings ähnlich verwaltet werden. Die maximale Größe einer Tabelle muss bei der Deklaration nicht festgelegt werden [vgl. GUE00, S.62].

So genannte Referenzvariablen reservieren ihren Speicherbereich im Hauptspeicher nicht statisch zum Zeitpunkt der Deklaration, sondern bekommen diesen bei Bedarf zur Laufzeit dynamisch zugewiesen. Nicht mehr referenzierte dynamische Variablen und Objekte werden zur Laufzeit wie in Java automatisch von einem sogenannten „Garbage Collector" entfernt [vgl. FK03, S.131]. Der Vorteil dieser Technik liegt in einer

Einsparung von Hauptspeicherplatz [vgl. FK03, S.124]. Dynamische Daten werden auch verwendet, wenn der Datentyp einer Variablen erst während der Programmausführung bekannt ist. Ein Beispiel ist [vgl. FK03, S.142-144]:

```
DATA:
     * Erzeugung der Referenzvariablen
     kreditbetrag TYPE REF TO currency.
...
* Zuweisung eines Speicherbereichs zur Referenzvariablen
CREATE DATA kreditbetrag.
```

Explizite Zeiger auf Speicherbereiche, die vor allem aus C bekannt sind, gibt es in ABAP aus Gründen der Typsicherheit nicht [vgl. FK03, S.113-114]. Mit den Feldsymbolen existieren jedoch entfernte Verwandte von Zeigern. Um mit Feldsymbolen wie mit den Originalfeldern arbeiten zu können, werden ihnen Bezüge auf existierende Felder, z.B. Referenzvariablen, zugewiesen [vgl. MAT02, S.121]. Unterscheidet sich der Typ des Feldsymbols vom Typ des Originalfeldes, spricht man von „Typcasting". Zu den Feldsymbolen in ABAP gibt es kein direktes Pendant in C, Java oder anderen Sprachen [FK03, S.126]. Ein Beispiel ist [vgl. FK03, S.143-144]:

```
* noetig fuer Zugriff auf Referenz-Variable kreditbetrag
FIELD-SYMBOLS:
     <feldsymbol_kreditbetrag> TYPE currency.
...
* Zuweisung der Referenzvariablen kreditbetrag zum Feldsymbol
ASSIGN kreditbetrag->* TO <feldsymbol_kreditbetrag>.
* Nun kann man den dynamisch reservierten Speicherbereich nutzen
<feldsymbol_kreditbetrag> = netto + netto * '0.05' * 12.
```

Im Gegensatz zu anderen Sprachen wird in ABAP bereits bei der Definition von Funktionsschnittstellen und der Programmierung von Funktionsaufrufen detailliert festgelegt, welche Parameter ausschließlich in eine Funktion hinein- oder hinausfließen, welche Parametern verändert werden und welche Fehlerzustände auftreten können. Im Unterschied zu C wird außerdem schon beim Aufruf einer Funktion festgelegt, in welche lokalen Variablen der Funktion welche Parameter geschrieben werden. Beispiel [vgl. FK03, S.161-164, S.176]:

```
* Aufruf einer Funktion einschliesslich Parameterschnittstelle
CALL FUNCTION 'REISEAUSGABEN_BERECHNEN'
     * i_km wird der aufgerufenen Funktion übergeben
     EXPORTING     i_km     = p_km
```

```
*  menge_in_funktion wird aus der aufgerufenen Funktion
*  übernommen und in menge_beim_aufrufer geschrieben
IMPORTING          menge_beim_aufrufer   = menge_in_funktion
EXCEPTIONS         failed                = 1.
```

Nicht möglich sind in ABAP die Verschachtelung von Funktionen sowie das Berechnen von Formeln innerhalb von Verzeigungen. In C, Java und vielen anderen gebräuchlichen Sprachen werden hingegen derartige Konstrukte oft benutzt. Ein Ausdruck wie „IF (A>=3*B) THEN ...“ ist daher in ABAP nur nach vorheriger Zwischenspeicherung des Ergebnisses von „3*B“ in einer eigenen Variablen möglich. Deswegen gibt es in ABAP um ein Vielfaches mehr Datendeklarationen als in anderen Sprachen [vgl. FK03, S.114].

3.2 Untersuchung wesentlicher Konzepte von ABAP

3.2.1 Integrierte Tabellenverarbeitung

Da der wesentliche Aspekt der Sprache ABAP die Datenverarbeitung in großem Stil ist, liegt ein besonderer Schwerpunkt dieser Untersuchung auf den Möglichkeiten, die ABAP bei der Datendefinition und -verarbeitung bietet. In der professionellen ABAP-Entwicklung hat man es meist mit tabellarischen Massendaten zu tun [vgl. FK03, S.198]. Während bei der Entwicklung in Java die Programmerstellung und Tabellenerstellung getrennt sind und spezielle Treiber für den Datenaustausch nötig sind, kann man in ABAP Datenbank-Tabellen mit einfachen Befehlen direkt im Programm ansprechen und verwenden. Durch diese Integration ist die Lauffähigkeit der Kombination aus Programm und Datenbanktabellen gewährleistet [vgl. FK03, S.200].

In den meisten bekannten Sprachen wie Pascal oder C ist es möglich, Datenelemente zu Strukturen zusammenzufassen und diese als einen neuen Datentyp zu verwenden. In ABAP ist auch die Schachtelung solcher Strukturen erlaubt. Zusätzlich bietet ABAP die Möglichkeit, von der Definition einer Struktur ausgehend ohne zusätzlichen Aufwand eine Tabelle zur Laufzeit zu erstellen. Jedes Datenelement der Struktur kennzeichnet dann eine Tabellenspalte. Es existieren alle nötigen Befehle zum Befüllen, Manipulieren und Löschen von Datensätzen solcher „internen Tabellen“. Durch diese eingebaute Unterstützung zur Verarbeitung von gleichartigen Massendaten unterscheidet sich ABAP deutlich von anderen Sprachen [vgl. FK03, S.150-151].

Interne Tabellen werden intern durch Referenzen verwaltet. Der Zeilentyp interner Tabellen ist beliebig. Daher können interne Tabellen z.B. Referenztypen, Strukturen oder selbst wieder interne Tabellen aufnehmen [vgl. KK00, S.135]. Der Vorteil interner Tabellen liegt darin, dass sie lediglich im Hauptspeicher zur Laufzeit existieren und daher eine performante Verarbeitung zulassen. Da sie wie eine entsprechende persistente Datenbanktabelle aufgebaut sind, lassen sich ihre Inhalte problemlos vor Beginn oder nach Ende aller Arbeitsschritte mit einer korrespondierenden Datenbanktabelle abgleichen. „Nicht wenige Entwickler bewerten das Konzept der internen Tabellen als das beste und herausragendste Feature in der Programmiersprache ABAP überhaupt." [FK03, S.150].

Beispiele für die integrierten Verarbeitungsmöglichkeiten interner Tabellen sind die „APPEND" und „LOOP"-Befehle. Nachdem man die Datenfelder einer Struktur gefüllt hat, lässt sich diese mit Hilfe des „APPEND"-Befehles an eine interne Tabelle anhängen, ohne dass sich der Programmierer Gedanken um die Speicherverwaltung machen muss [vgl. GUE00, S.78-79]:

```
* Struktur der internen Tabelle definieren
DATA:
      * 3 Tabellenzeilen werden erwartet, mehr sind aber möglich
      BEGIN OF adress OCCURS 3,
          name(12) TYPE c,
          wohnort(12) TYPE c,
      END OF adress.
...
* Befüllen eines Elementes und anhängen an gleichnamige Tabelle
adress-name = 'Fred Feuerstein'.
APPEND.
```

Mit dem „LOOP"-Befehl kann nun eine Schleife erzeugt werden, die alle Datensätze der Tabelle „adress" durchläuft, ohne dass der Programmierer wissen muss, wie viele Datensätze die Tabelle enthält [vgl. GUE00, S.79-80]:

```
* Durchlaufen aller Zeilen der Tabelle adress
LOOP AT adress.
      * gibt das Feld vorname der aktuellen Tabellenzeile aus
      write: / adress-vorname,
               adress-nachname.
ENDLOOP.
```

Es ist mit dem Zusatz „INTO <Zielstruktur>" sogar möglich, den aktuellen Tabellen-Datensatz bei jedem Durchlauf ohne explizite Zuweisung automatisch an eine andere Struktur zu übergeben [vgl. FK03, S.154].

Von großer Bedeutung in heutigen relationalen Datenbanksystemen ist die weitgehend standardisierte Abfragesprache SQL (Structured Query Language). Die SQL-Anweisungen der Programmierschnittstellen verschiedener Datenbanken sind aber nicht vollständig einheitlich, sondern weisen herstellerspezifische Eigenheiten auf. Die ABAP-Laufzeitumgebung enthält eine eigene Datenbankschnittstelle, die ABAP-Anweisungen in die jeweils benötigten herstellerspezifischen SQL-Anweisungen umwandelt [vgl. KK00, S.559-560]. Der große Vorteil dieses Konzepts liegt darin, dass ein ABAP-Entwickler seine Programme unabhängig von dem zugrundeliegenden Datenbanksystem schreiben kann und dieses leichter ausgetauscht werden kann.

Standard-SQL besteht aus 3 Teilbereichen, der DDL (Data Definition Language), der DML (Data Manipulation Language) und der DCL (Data Control Language). Für Aufgabenbereiche der DDL und der DCL gibt es in ABAP keine eigenen Anweisungen. Stattdessen wird die Datendefinition mit Hilfe des Data Dictionary durchgeführt und die Datenkonsistenz mit Hilfe des umliegenden SAP-Systems sichergestellt [vgl. KK00, S.560-561]. Für die DML jedoch gibt es in ABAP einen Satz von gleichlautenden Anweisungen. Mit diesen, unter dem Begriff „Open SQL" zusammengefassten Befehlen, werden plattform-unabhängige SQL-Befehle in ABAP ermöglicht. Ein Beispiel hierfür ist der folgende, gültige ABAP-Befehl [vgl. FK03, S.221]:

```
* Abfrage zweier Spalten aus der Datenbanktabelle teile und
* automatisches Befüllen der Struktur str_teile mit dem ersten
* Datensatz, dessen teile_nummer "SP" ist.
SELECT
     SINGLE teile_nummer teile_bezeichnung
     FROM teile
     INFO str_teile
     WHERE teile_nummer = 'SP'.
```

Derartige Befehle erleichtern das Verarbeiten tabellarischer Massendaten enorm und erhöhen die Übersichtlichkeit. Das Konzept der internen Tabellen und die sprachlich integrierte Unterstützung von SQL-Befehlen verschaffen ABAP bei der Tabellenverarbeitung und der Unterstützung der Arbeit mit relationalen Datenbanken einen Vorteil.

3.2.2 Datentypen und Data Dictionary

Daten und Datentypen bilden das Grundgerüst einer Programmiersprache und sind in einer Sprache wie ABAP, dessen primäres Anwendungsgebiet die Datenverarbeitung ist, von besonderer Bedeutung. Daten werden in ABAP, ähnlich wie in anderen Sprachen, thematisch nach ihrem Einsatzzweck untergliedert [vgl. FK03, S.122-126]:

- DATA – Deklaration von Variablen, also Datenbereichen, deren Inhalt vom Programm zur Laufzeit geändert werden kann

- CONSTANTS – Deklaration von Datenbereichen mit unveränderlichem Inhalt

- PARAMETERS – Daten, die der Benutzer vor dem Programmstart einzugeben hat

- FIELD-SYMBOLS – Deklaration von Referenzen auf Daten (vgl. Abschnitt 3.1)

Mit wenigen Ausnahmen sind alle in ABAP verwendeten Datentypen statisch getypt. Dies bedeutet, dass der Typ einer Variablen bereits vor der Ausführung durch Analyse des Quelltextes ermittelt werden kann und sich während der Laufzeit nicht mehr ändern kann. Die Ausnahme von dieser Regel betrifft die Feldsymbole (vgl. Abschnitt 3.1). Feldsymbol-Variablen sind die einzigen, bei denen der spezielle Datentyp „ANY" erlaubt ist. Variablen dieses Typs nehmen bei einer Zuweisung zu einer Referenzvariablen automatisch deren Datentyp an [vgl. FK03, S.145]. Der Typ, den eine Feldsymbol-Variable annehmen kann, lässt sich daher vor der Programmausführung noch nicht entgültig bestimmen.

Man unterscheidet zwischen elementaren, fest in der Programmiersprache verankerten Datentypen und von diesen abgeleiteten, zusätzlichen Datentypen und Strukturen (siehe Abschnitt 3.2.1). Neben den aus anderen Sprachen bekannten elementaren Datentypen für beispielsweise Zeichen, ganze Zahlen oder Gleitpunktzahlen fallen in ABAP die zwei elementaren Datentypen „STRING" bzw. „XSTRING" aus der Reihe. Diese beiden Datentypen können eine Zeichenkette bzw. eine binäre Datei unbekannten Inhalts von jeweils bis zu 2 GByte Länge aufnehmen [vgl. FK03, S.130-131].

Elementare und auf diesen aufbauende Datentypen haben den Nachteil, dass der Programmierer für die inhaltliche Prüfung von Variablen selbst verantwortlich ist. Die ABAP-Laufzeitumgebung bietet die Möglichkeit, unabhängig von den elementaren Datentypen mit Hilfe eines Data Dictionarys Typen zu definieren, die auf den

Datentypen der Datenbank basieren. Variablen solcher Dictionary-Datentypen haben den großen Vorteil einer strengeren Typprüfung, automatischer Validitäts- und Wertebereichsprüfung, Eingabehilfen sowie Online-Hilfen [vgl. FK03, S.200-201]. Des Weiteren können nur Dictionary-Datentypen zwischen Programmen übergeben werden [vgl. KK00, S.136]. Aus diesem Grund sind die darauf aufbauenden Datenelemente - und nicht die elementaren ABAP-Datentypen - die am häufigsten verwendeten Datentypen [vgl. FK03, S.200-201].

Um einen Dictionary-Datentyp in einem ABAP-Programm verwenden zu können, sind mehrere Zwischenschritte erforderlich. Ein elementarer Dictionary-Datentyp, wie z.B. „CURR" für ein Währungsfeld, dient als Grundlage für die Definition einer so genannten Domäne [vgl. FK03, S.203]. In Domänen können Beschränkungen und technische Eigenschaften des Datenfeldes definiert werden. So dürfen einige Felder nur ein positives Vorzeichen, andere nur Ziffern in bestimmten Intervallen enthalten. Anhand eines Beispieles wird der Nutzen von Domänen klar: Gibt ein Anwender in einer Hotel-Anwendung eine ungültige Zimmernummer ein, so wird er bei Verwendung eines Dictionary-Datentyps automatisch darauf hingewiesen. Werden dagegen elementare Datentypen verwendet, muss das ABAP-Programm selbst für die Gültigkeitsprüfung und Ausgabe entsprechender Meldungen sorgen [vgl. FK03, S.204]. Domänen dienen als Grundlage für die Definition von Datenelementen [vgl. FK03, S.204]. Diese beinhalten zusätzlich beschreibende Eigenschaften des Datenfeldes. Alle Texte eines Datenelementes können wiederum durch die in Abschnitt 2.3 erwähnte Unterstützung mehrsprachiger Applikationen multilingual gespeichert werden. Datenelemente können in ABAP-Programmen ähnlich wie elementare Datentypen mit dem Schlüsselwort „TYPE" verwendet werden. Der gesamte Vorgang wird noch einmal in der folgenden Abbildung veranschaulicht [vgl. FK03, S.202]:

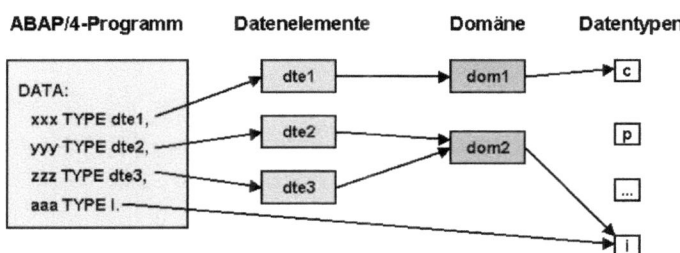

Abbildung 3: Hierarchie von Daten, Datenelementen und Domänen

Technische und beschreibende Daten eines Datenelements werden als Metadaten bezeichnet. Die Verwendung solcher Metadaten in ABAP ist mit keiner anderen bekannten Programmiersprache vergleichbar [vgl. FK03, S.205]. Der große Vorteil der Verwendung des Data Dictionarys und seiner Typen liegt aufgrund der oben beschriebenen Eigenschaften in einer gesteigerten Typsicherheit, Datenkonsistenz und Laufzeitstabilität [vgl. FK03, S.215].

3.2.3 Objektorientierung

ABAP wurde wie viele gängige Sprachen, z.B. C, PROLOG und COBOL, nachträglich um objektorientierte Fähigkeiten erweitert, welche die Flexibilität einer Sprache erhöhen (siehe Abschnitte 2.1 und 2.2) [vgl. FK03, S.331]. Die Einführung der objektorientierten Programmierung hat jedoch die herkömmliche prozedurale nicht vollständig abgelöst. Es gibt keine eindeutige Regel dafür, für welche Anwendungen welches Programmierparadigma verwendet wird. Bei SAP werden Programme nach wie vor vorzugsweise prozedural entwickelt, wenn in diesen großer Wert auf die Massenverarbeitung von Daten gelegt wird. Objektorientierte Sprachelemente werden hingegen eher dann verwendet, wenn von einer Applikation eine komplexe Benutzeroberfläche gefordert wird [vgl. FK03, S.331-332].

Der wesentliche Aspekt objektorientierten Programmierens ist die Aufhebung der Trennung von Datendeklaration und Programmcode. Aus dieser Zusammenfassung resultiert der entscheidende Vorteil der Objektorientierung: Die höhere Wiederverwendbarkeit. Während in der prozeduralen Programmierung nur die Funktionen für sich genommen wiederverwendbar waren, sind es nun ganze Klassen, also auch die zu den Funktionen gehörenden Daten [vgl. FK03, S.332]. Instanzen einer Klasse werden Objekte genannt. Wie in der realen Welt beinhaltet ein Objekt Eigenschaften und Funktionen, hier Methoden genannt, die in der Klasse des Objekts definiert sind [vgl. KK00, S.281]. Auffällig bei ABAP ist, dass die Definition einer Klasse von ihrer Implementierung strikt getrennt sein muss. Während in der Definition lediglich die Methodenköpfe, also ihre Schnittstellen, stehen dürfen, werden die Methoden im Implementierungsabschnitt ausformuliert. Bekannt ist dieses Konzept bereits aus C++ [vgl. FK03, S.339].

Es ist zu untersuchen, ob es sich bei ABAP um eine vollwertige objektorientierte Sprache handelt. Hierfür muss sie zumindest die folgenden vier grundsätzlichen Merkmale aufweisen [vgl. KK00, S.282-283]:

- **Abstraktion** – Naturgetreue Wiedergabe von Abläufen der Realwelt

- **Vererbung** – Klassen können Attribute und Methoden von anderen erben, diese nutzen und durch Erweiterung spezialisieren

- **Kapselung** – Implementierungsdetails werden hinter Schnittstellen verborgen

- **Polymorphie** – Unterschiedliche Objekte können von außen mit der gleichen Schnittstelle angesprochen werden, sich aber dennoch anders verhalten

Die Abstraktion von der Realwelt realisiert ABAP genauso wie alle anderen objektorientierten Sprachen mit Hilfe der Modellierung von Klassen nach dem Vorbild der Realwelt und der Instanziierung der Klassen in Objekten [vgl. KK00, S.282]. Ein Beispielprogramm zur Definition und Verwendung von Klassen und Objekten in ABAP findet sich in Anhang D. Objekte werden in ABAP wie in Java grundsätzlich als Referenzen angelegt [vgl. FK03, S.340].

Analog zu Java und im Gegensatz zu C++ unterstützt ABAP das Konzept der Mehrfachvererbung nicht. Das bedeutet, dass eine Klasse Eigenschaften und Methoden nur von einer anderen Klasse übernehmen kann, nicht aber von mehreren gleichzeitig. In vielen objektorientierten Sprachen wie auch in ABAP ist es üblich, dass jede Klasse direkt oder indirekt über mehrere Zwischenschritte von einer allen Klassen gemeinsamen Oberklasse erbt. In ABAP ist dies die Klasse „Object" [vgl. FK03, S.366]. Ein Beispiel für Vererbung in ABAP befindet sich im Anhang D.

Das Prinzip der Kapselung stellt sicher, dass Objekte nur gemäß ihrer Spezifikation verwendet werden und trägt somit zur Fehlerfreiheit und Qualität eines Programms bei [vgl. KK00, S.282]. Damit Implementierungsdetails gekapselt werden können, also von außerhalb einer Klasse - z.B. dem Hauptprogramm - nicht zugreifbar und manipulierbar sind, muss es sogenannte Sichtbarkeitsbereiche geben, die diese Details verbergen. Sichtbarkeiten werden in der Klassendefinition festgelegt. Vergleichbar mit Java gibt es in ABAP die Sichtbarkeiten „PUBLIC", „PROTECTED" und „PRIVATE". Objektbestandteile, die in den jeweiligen Sichtbarkeitsbereichen definiert wurden, sind also entweder für alle anderen Teile eines Programms, nur für Unterklassen der aktuellen Klasse oder nur für Methoden des betreffenden Objekts selbst sichtbar.

Durch Polymorphie wird es ermöglicht, dass unterschiedlich implementierte Methoden, die zu Objekten verschiedener Klassen gehören, mit dem gleichen Namen über dieselbe Schnittstelle angesprochen werden können [vgl. KK00, S.352]. Polymorphie ist dann von Bedeutung, wenn man einer Objektreferenz von Typ einer Oberklasse ein Objekt einer Unterklasse zuweist. Dadurch verringern sich die Schnittstellen auf diejenigen der Oberklasse. Ruft man nun eine Methode auf, die sich scheinbar in der Oberklasse befindet, stellt die Laufzeitumgebung fest, zu welcher der möglichen Unterklassen das Objekt gehört und führt stattdessen die Methode der Unterklasse aus. Nicht die Objekte selbst verhalten sich also polymorph, sondern die Referenzvariablen auf Objekte [vgl. KK00, S.353]. Auch in ABAP wird das Prinzip der Polymorphie unterstützt. Ein Beispiel befindet sich im Anhang D.

ABAP unterstützt also alle wesentlichen Konzepte des objektorientierten Programmierparadigmas und ist daher als eine vollwertige objektorientierte Programmiersprache anzusehen.

3.2.4 Ereignisverarbeitung

Als dialogorientierte Programmiersprache treten Benutzer in ABAP durch Aktionen auf einem Bildschirmbild, genannt „dynamisches Programm" (Dynpro) mit dem Programm in Verbindung. Zu einem Dynpro gehören nicht nur die Bildschirmelemente, sondern auch die dazugehörige Ablauflogik [vgl. KK00, S.407]. Üblicherweise folgen in einem Programm die Dynpro aufeinander, jedes wird jedoch für sich genommen entworfen und gespeichert. Es ist in einer ABAP-Applikation nicht zwingend erforderlich, die komplexe Dynpro-Technik zu verwenden, denn es stehen auch einfachere Methoden in Form von vorgefertigten Bildschirmelementen wie dem „SAP List Viewer" zur Verfügung [vgl. FK03, S.236].

Die Kommunikation zwischen Benutzeroberfläche und Quelltext findet in ABAP über sog. Ereignisse statt. Somit sind sie ein elementarer Bestandteil der Sprache. Ereignisse können in ABAP an drei verschiedenen Stellen in jeweils sehr unterschiedlicher Form auftreten:

- Zur Steuerung einfacher Bildschirmelemente wie dem SAP List Viewer

- In der Ablaufsteuerung von Dynpros

- In einem objektorientierten ABAP-Programm zur Kommunikation zwischen Klassen. Nur hier können eigene Ereignisse definiert werden.

Die Ereignisverarbeitung bei der Verwendung von vorgefertigten Bildschirmelementen wird anhand des SAP List Viewers erläutert. Bei jeder Benutzeraktion, z.B. einem Mausklick, wird ein Ereignis generiert. Für dieses gibt man eine Callback-Funktion an, die automatisch aufgerufen wird, wenn das Ereignis eintritt. Solche Funktionen sind die Reaktion des Programms auf das Ereignis [vgl. FK03, S.263]. Beispiel [vgl. FK03, S.256-261]:

```
* Aufruf des SAP List Viewers mit eigenen Callback-Funktionen
CALL FUNCTION 'REUSE_ALV_GRID_DISPLAY'
        EXPORTING
                I_CALLBACK_PF_STATUS_SET   = 'CB_ALV_PF_SET_STATUS'
                * Festlegen der Callback-Funktion für jegliche
                * Benutzeraktion. Diese Aktion ist das Ereignis.
                I_CALLBACK_USER_COMMAND    =
                                    'VERARBEITE_BENUTZERKOMMANDO'
```

Häufiger als diese Form der Ereignisverarbeitung kommt jedoch diejenige der Dynpros zum Einsatz. Dynpros verwendet man dann, wenn die Applikation aufwändige Eingabelayouts oder editierbare Tabelleninhalte benötigt [vgl. FK03, S.236]. Die Ablaufsteuerung von Dynpros geschieht in der Dynpro-Ablauflogik, in der eine eigene, spezielle Programmiersprache verwendet wird [vgl. FK03, S.269]. Mit der neuen „Web Dynpro"-Technologie wird es in einigen Jahren möglich sein, auch normales ABAP in der Dynpro-Ablauflogik zur Programmierung der Benutzeroberfläche zu verwenden [vgl. FK03, S.115].

Die Dynpro-Ablauflogik wird in Ereignisblöcke unterteilt. Es existieren vier solcher vom Benutzer ausgelösten Ereignisse, die als Einsprungpunkte in den Quelltext der Dynpro-Ablauflogik fungieren. Die beiden wichtigsten sind „PROCESS BEFORE OUTPUT" (PBO) und „PROCESS AFTER INPUT" (PAI). Das Ereignis PBO wird vor dem Anzeigen eines Dynpros ausgelöst, das Ereignis PAI nach einer beliebigen Anwenderaktion. Um eine Verbindung zwischen der Dynpro-Ablauflogik und den ABAP-Befehlen herzustellen, wird der ABAP-Quelltext in Module unterteilt und diese aus der Dynpro-Ablauflogik heraus aufgerufen. Da ein Modulaufruf immer nur zu einem der möglichen Ereignisse gehören kann, muss im ABAP-Quelltext gekennzeichnet werden, ob das betreffende Modul ein zu einem PBO-Ereignis gehörendes Output-Modul oder ein zu einem PAI-Ereignis gehörendes Input-Modul ist. Die Ereignisblöcke der Dynpro-Ablauflogik können auch noch weitere Befehle enthalten wie z.b. den „FIELD"-Befehl, mit dem die Datenübertragung zwischen Oberflächenelementen und gleichnamigen globalen ABAP-Variablen gesteuert wird. Selbst der Einsatz des „LOOP"-Befehles (siehe Abschnitt 3.2.1) ist möglich [vgl. FK03, S.271-280].

Nach Aufruf eines Moduls kann es bei einem PAI-Ereignis nötig sein, herauszufinden, welche Aktion der Anwender durchgeführt hat, um darauf adäquat reagieren zu können. Zu diesem Zweck wird in einer ebenfalls an den ABAP-Quelltext übergebenen Variable ein Funktionscode gespeichert, mit dem die durchgeführte Anwenderaktion ermittelt werden kann. Dies kann beispielsweise der Code „BACK" sein, wenn der Anwender auf einen „Pfeil-zurück-Knopf" gedrückt hat oder „SAVE", wenn er auf den „Speichern-Knopf" gedrückt hat [vgl. FK03, S.324].

Da durch die Dynpro-Ereignisverarbeitung große Teile des Quelltextes modularisiert sind, ändert sich auch der Ablauf des Programms grundlegend. Ein Hauptprogramm braucht nun lediglich noch aus dem Aufruf eines Dynpros mit dem Befehl „CALL SCREEN 0100." bestehen. Ein solcher Aufruf hat unmittelbar vor dem Anzeigen des Dynpros das Ausführen eines PBO-Ereignisblocks in der Dynpro-Ablauflogik zur Folge. Aus diesem werden Module des ABAP-Programms aufgerufen, die wiederum neue Dynpros aufrufen können [vgl. FK03, S.316-328].

Auch im objektorientierten Programmiermodell von ABAP sind Ereignisse unerlässlich. Mit ihnen werden beispielsweise vorgefertigte Klassen zusammengeschlossen, um ein Gesamtsystem in Form einer umfassenden Klassenhierarchie zur Lösung betriebswirtschaftlicher Aufgaben bereit zu stellen. SAP arbeitet an der Bereitstellung solcher Frameworks [vgl. FK03, S.385]. Ereignisse im objektorientierten Sinne sind Schnittstellen, die zu einem bestimmten Zeitpunkt aufgerufen werden. Ein Ereignis besitzt, wie eine Methode auch, eine Parameterschnittstelle. ABAP verwendet wie Java das sogenannte „Listener-Konzept" zur Ereignisverarbeitung. Bei diesem Konzept tragen sich Methoden, die ein Ereignis behandeln wollen, in eine Art Verteilerliste des Ereignisses ein. Tritt nun ein Ereignis auf, so werden alle in der Liste eingetragenen Methoden der Reihe nach aufgerufen. Die Ereignisbehandlungsmethoden registrieren sich jedoch nicht bei der Klasse, in dem das Ereignis definiert ist, sondern bei einer konkreten Instanz dieser Klasse. Ein Ereignis kann daher bei zwei Objekten derselben Klasse zu einer unterschiedlichen Behandlung führen. Die objektorientierte Ereignisbehandlung umfasst also insgesamt die vier folgenden Elemente [vgl. FK03, S.386-391]:

- Deklaration eines Ereignisses mitsamt seiner Parameterschnittstelle im Quelltext einer Klasse [vgl. FK03, S.387]:
  ```
  EVENTS:
      titelaenderung EXPORTING value(titel) TYPE string.
  ```

- Definition einer oder mehrerer ereignisbehandelnder Methoden, die sich auf ein bestimmtes Ereignis beziehen müssen [vgl. FK03, S.387]:
  ```
  METHODS:
      set_title FOR EVENT titelaenderung
                          OF produkt IMPORTING titel.
  ```

- Verbindung einer Behandlungs-Methode eines Objekts mit einem Ereignis eines ggf. anderen Objektes, z.B. im Hauptprogramm [vgl. FK03, S.387]:
  ```
  SET HANDLER produkt1->set_title FOR produkt2.
  ```

- Auslösen eines Ereignisses, z.B. im Hauptprogramm [vgl. FK03, S.397]:
  ```
  RAISE EVENT titelaenderung.
  ```

Ereignisdefinitionen sind, wie die Definition jedweder Programmierobjekte, auch in einem entsprechenden graphischen Editor der Entwicklungsumgebung möglich. In diesem Fall handelt es sich um global verfügbare Objekte und der entsprechende Quelltext wird automatisch generiert, was in der Programmierpraxis Flüchtigkeitsfehler vermeidet und einen konsistenteren und übersichtlicheren Zustand herbeiführt [vgl. FK03, S.408].

4 Ausblick: Zukunftspotentiale und weitere Entwicklung

Zusammenfassend lässt sich sagen, dass ABAP im Umfeld betriebswirtschaftlicher Anwendungen eine wichtige Rolle spielt und sehr weit verbreitet ist. Diese Bedeutung verdankt es als proprietäre Sprache dem großen Marktanteil von SAP mit seinem Produkt R/3 (siehe Abschnitt 1). Ob ABAP ohne diese Bindung ebenfalls eine ähnliche Bedeutung erlangt hätte, ist zweifelhaft, da es für Entwickler einen teilweise hohen Umstellungsaufwand gibt. Wie bereits in den letzten Jahren, so ist allerdings auch in der Zukunft damit zu rechnen, dass sich ABAP immer mehr den Fähigkeiten anderer moderner Programmiersprachen anlehnen wird [vgl. FK03, S.332].

Die zukünftige Entwicklung und Bedeutung von ABAP ist mit der weiteren Entwicklung, aber auch mit der Strategie von SAP verbunden. Mit der Möglichkeit, SAP-Programme auch in Java zu entwickeln, hat SAP einen Konkurrenten zu seiner eigenen Sprache zugelassen. Der Grund für diese Entscheidung ist darin zu sehen, dass SAP sich von der Möglichkeit, in zwei verschiedenen Sprachen Anwendungen für ihre Produkte zu entwickeln, eine höhere Flexibilität und Vielfalt verspricht. ABAP wird jedoch auch in Zukunft nicht an Bedeutung verlieren, da betriebswirtschaftliche Neu- und Weiterentwicklungen wie z.B. der SAP Bank Analyzer noch immer überwiegend in und für ABAP erfolgen [vgl. FK03, S.16]. Java wird auch langfristig kein Ersatz für ABAP werden, sondern eine Ergänzung. Die langfristige Strategie von SAP sieht vor, dass der SAP Web Application Server Java und ABAP gleichberechtigt unterstützt [vgl. FK03, S.332].

Die Schwächen von ABAP liegen vor allem in der dynamischen Erzeugung und Anpassung von Oberflächenelementen wie zum Beispiel dem Erstellen eines neuen Eingabefeldes als Reaktion auf eine Anwendereingabe [vgl. FK03, S.235]. Vorteile bietet ABAP dagegen bei der Verarbeitung tabellarischer Massendaten. Nach Meinung des Autors wird sich daher auch das Verhältnis von Java und ABAP im SAP-Umfeld entsprechend entwickeln. Java wird in Zukunft hauptsächlich in Anwendungen verwendet werden, die eine komplexe, dynamische Benutzeroberfläche erfordern, denn dort ist Java auch aufgrund seiner vorgegebenen Frameworks wie AWT oder Swing der Dynpro-Technik von ABAP überlegen. ABAP dagegen wird in R/3 und seinen Erweiterungen auch weiterhin dort anzutreffen sein, wo es gilt, viele betriebswirtschaftliche Daten effizient zu verarbeiten.

Anhang A: Quicksort in ABAP

Bei der Realisierung von Quicksort in ABAP stellte sich zunächst das Problem, dass ABAP keine Arrays kennt. Statt eines Arrays wird daher eine interne Tabelle verwendet, denn in der Laufzeitumgebung werden interne Tabellen ähnlich wie ein Array über einen logischen Zeilenindex verwaltet [vgl. FK03, S.151].

Ein weiteres Problem lag darin, dass es in ABAP keinen integrierten Zufallszahlengenerator wie in Java gibt, da Zufallszahlen in betriebswirtschaftlichen Anwendungen nicht oft benötigt werden. Zu diesem Zweck wird die zu sortierende Tabelle mit Hilfe eines aus der Vorlesung „Simulation" bekannten Pseudozufallszahlengenerators befüllt. Zum Einsatz kommt der lineare Kongruenzgenerator des Taschenrechners „Texas Instruments TI-59", der nach dem Satz von Knuth volle Periodenlänge besitzt [vgl. „Simulation, WS03/04", Folie 2-22]. Die Berechnungsformel lautet: $y_{i+1} \equiv (24298 y_i + 99991) \mod 199017$. Zur besseren Vergleichbarkeit der beiden Laufzeiten werden die aus dieser Formel resultierenden Zahlen noch einmal mit einem Modulo von 1000 verarbeitet.

Im Zuge der Programmierung stellte sich die Frage, ob ABAP Rekursion beherrscht, ohne die Quicksort nicht denkbar wäre. Während sich in den offiziellen Büchern zu diesem Thema nichts fand, wird in [MEN00, S.146] gezeigt, dass ABAP in der Tat auch zu rekursiven Funktionsaufrufen fähig ist. Nicht wichtig ist hingegen, ob die Parameter als Wert oder als Referenz übergeben werden, da sie im Zuge dieser Rekursion ohnehin nicht geändert werden. Lediglich die Array- / Tabelleninhalte werden geändert, nicht aber die Startadresse.

Das bei weitem größte Hauptproblem jedoch, das bei der Entwicklung des Quicksort-Programms in ABAP auftrat, lag in der Schwierigkeit zum Zugang zu einer funktionsfähigen Entwicklungsumgebung, um das geschriebene Programm von Fehlern zu bereinigen, zu debuggen und zu testen. Anders als in den meisten anderen Sprachen ist für die ABAP-Entwicklung ein lauffähiges SAP-R/3-System mit den entsprechenden Entwickler-Berechtigungen vonnöten. Ein solches vollständiges Client-Server-System liegt als installierbare CD-Version sowohl [KJ03] in ABAP-Release-Version 6.10 als auch [KK00] in der Version 4.6 bei. Trotz 16-jähriger Computer- und 14-jähriger Programmiererfahrung war jedoch aufgrund sehr mangelhafter Dokumentation und Installationsunterstützung und/oder Systeminkompatibilitäten Version 6.10 gar nicht und Version 4.6 nur mit vielen manuellen Manipulationen installierbar und lauffähig. Es zeigte sich, dass die ABAP-Entwicklungsumgebung der Version 4.6 das Anlegen neuer Entwicklungsobjekte nicht erlaubte. Auch eine mehrfache e-Mail-Korrespondenz mit Michael Demuth, verantwortlich für die CD-Pakete von [KK00] und [KJ03], führte zu keiner Lösung des Problems. Das am Institut für Wirtschaftsinformatik installierte SAP-R/3-System erlaubt aufgrund von Lizenzbeschränkungen ebenfalls keine ABAP-Entwicklung. Die Systemadministration erteilte mir jedoch eine Ausnahmeregelung. Nach dem Erteilen der nötigen Rechte, das etwa 90 Minuten in Anspruch nahm, war eine vollwertige ABAP-Entwicklung möglich.

Insgesamt nahm es 15 Stunden Nettozeit in Anspruch, Zugang zu einer funktionsfähigen ABAP-Entwicklungsumgebung zu bekommen. Das Schreiben und Debuggen des eigentlichen Programms hingegen nahm nur 4,5 Stunden Zeit in Anspruch und fand vollständig am 9. und 10. Mai 2004 statt. Von den 4,5 Stunden entfallen 3 Stunden auf den Entwurf des Quellcodes und 1,5 Stunden auf das Entfernen von Syntaxfehlern und das Debuggen. Bei diesen Arbeitsschritten war insbesondere [MAT02] von großer Hilfe. Es tauchten nur kleinere Fehler wie z.B. falsch angeordnete Parameter in den Unterprogrammschnittstellen und logische Programmierfehler auf. Konzeptionell war das bereits vorher entworfene Programm jedoch korrekt.

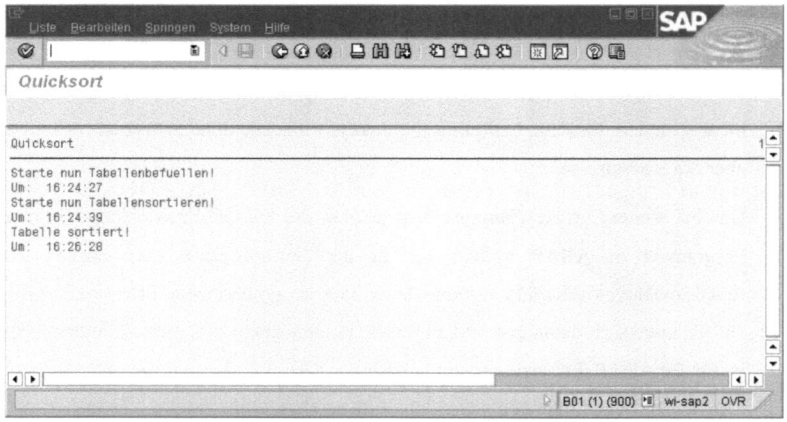

Abbildung 4: Zeitmessung des Quicksort-Programms in ABAP

Das Sortieren von einer Million Zahlen zwischen 0 und 999 nahm mit dem ABAP-Programm 109 Sekunden in Anspruch. Es ist nicht nötig, bei dieser Laufzeitmessung mehr als einen Programmdurchlauf durchzuführen, da es sich um Pseudozufallszahlen handelt, so dass bei der gleichen Saat auch immer mit den gleichen Zahlen gearbeitet wird. Jeder Programmdurchlauf wird also exakt gleich lange dauern. Es gibt in ABAP keine integrierte Möglichkeit, Millisekunden zu messen. Auch daran erkennt man, dass ABAP für wissenschaftlich-technische Anwendungen nicht geeignet ist.

Zu beachten ist, dass die Laufzeiten der Java- und der ABAP-Version aufgrund verschiedener Rechnerarchitekturen prinzipiell nicht vergleichbar sind. Zwar sortieren beide Quicksort-Programme eine Million (Pseudo-) Zufallszahlen zwischen 0 und 999. Während jedoch die Java-Version auf einem AMD Duron 700 MHz-Prozessor lief, kam die ABAP-Version zwangsläufig auf dem Server der Wirtschaftsinformatik zur Ausführung. Hierbei handelt es sich um einen HP 9000-Rechner mit RISC-Architektur und einer Dual-CPU.

Dennoch ist klar erkennbar, dass die Laufzeit des ABAP-Programms um ein Vielfaches über dem des Java-Programms liegt. Der Grund könnte einerseits darin liegen, dass der Zugriff auf interne Tabellen mehr Zeit in Anspruch nimmt als der Zugriff auf ein Arrayfeld und andererseits daran, dass im ABAP-Programm keine elementaren, sondern selbst definierte Datenstrukturen zur Anwendung kommen. Möglicherweise werden auch rekursive Funktionsaufrufe weniger effizient abgearbeitet als in Java. Der Quellcode des ABAP-Programms ist unmittelbar mit dem des Java-Programms vergleichbar, da die Anweisungen des Java-Programms so gut wie möglich in ABAP-Anweisungen umgesetzt wurden.

Vergleicht man die Quellcodes, so fällt auf, das bei ABAP in der Tat mehr Typen- und Variablendeklarationen benötigt wurden. Der ABAP-Quellcode der Sortierfunktion ist mit 55 Zeilen deutlich länger als der Java-Quellcode mit 30 Zeilen. Der Grund dafür liegt vor allem darin, dass Funktionsaufrufe in ABAP der Übersichtlichkeit halber über mehrere Zeilen geschrieben wurden und einige Tabellenzugriffe länger und umständlicher sind als die äquivalenten Arrayzugriffe. Außerdem muss man einige Rechenschritte, die in Java in einer Anweisung vollzogen werden können, in ABAP trennen und aufteilen (siehe Abschnitt 3.1).

Besonderer Dank gilt der Systemadministration des Instituts für Wirtschaftsinformatik, ohne die das Überprüfen, Korrigieren, Debuggen und Testen des folgenden Quellcodes nicht möglich gewesen wäre. Dank gebührt ebenso Susanne Immig mit ihrer hilfreichen SAP-Fachkompetenz, Silvia Wieland und Christian Niehaus.

Quellcode:

```
* Programm fuer Quicksort in ABAP von Markus Dressler
* 9-10. Mai 2004
REPORT Z_QUICKSORT.

* Typdefiniton
TYPES:
* Feldleiste fuer eine Zahl
     BEGIN OF zahlenfeld,
          ele   TYPE i,
     END OF zahlenfeld.


* Variablendefinition
DATA:
* Saat fuer Zufallszahlengenerator
     saat            TYPE i VALUE 42,
* Linke und rechte Sortiergrenzen
     links           TYPE i VALUE 1,
     rechts          TYPE i VALUE 1000000,
* zu sortierende Tabelle
     sorttab         TYPE STANDARD TABLE OF zahlenfeld,
* Zum Ausgeben der Tabelle
     ausgabefeld     TYPE zahlenfeld.

*********************
*** HAUPTPROGRAMM ***
*********************

* Befuellen der Tabelle mit Pseudozufallszahlen
WRITE: / 'Starte nun Tabellenbefuellen!'.
GET TIME.
WRITE: / 'Um: ', sy-uzeit.

PERFORM befuelle_tabelle TABLES sorttab USING saat.

* Sortieren der Tabelle mit Quicksort
WRITE: / 'Starte nun Tabellensortieren!'.
GET TIME.
WRITE: / 'Um: ', sy-uzeit.

PERFORM sortiere_tabelle TABLES sorttab USING links rechts.

WRITE: / 'Tabelle sortiert!'.
GET TIME.
WRITE: / 'Um: ', sy-uzeit.

*********************
***** Funktionen ****
*********************

* Sortieren der Tabelle mit Quicksort!!!1
FORM sortiere_tabelle
     TABLES stab
     USING grenzelinks TYPE i grenzerechts TYPE i.
```

24

```
* Deklaration lokaler Variablen fuer Sortiere_Tabelle
    DATA:
* von links kommende Markierung
        vonlinks        TYPE i,
* von rechts kommende Markierung
        vonrechts       TYPE i,
* Inhalt des Mittleren Elements
        median          TYPE i,
* fuer Median-Berechnung
        hilf1           TYPE i,
* Ein Element aus der Tabelle, fuer Tauschzwecke
        zf              TYPE zahlenfeld,
* fuer Tauschzwecke
        zftausch        TYPE zahlenfeld.

* Variablen befuellen
    vonlinks = grenzelinks.
    vonrechts = grenzerechts.

* Median bestimmen und auslesen
    hilf1 = grenzelinks + grenzerechts.
    hilf1 = hilf1 / 2.
    READ TABLE stab INDEX hilf1 INTO zf.
    median = zf-ele.

* wiederhole, bis die beiden Markierungen aneinander
* vorbeigelaufen sind
    WHILE vonlinks <= vonrechts.
* linke Markierung auf 1. Element von links, das >= Median ist
        DO.
            READ TABLE stab INDEX vonlinks INTO zf.
            IF zf-ele >= median.
                EXIT.
            ENDIF.
            vonlinks = vonlinks + 1.
        ENDDO.

* rechte Markierung auf 1. Element von links, das kleiner
* gleich Median ist
        DO.
            READ TABLE stab INDEX vonrechts INTO zf.
            IF zf-ele <= median.
                EXIT.
            ENDIF.
            vonrechts = vonrechts - 1.
        ENDDO.

* Vertauschung desselben Elementes nicht noetig
        IF vonlinks = vonrechts.
            vonlinks = vonlinks + 1.
            vonrechts = vonrechts - 1.
        ENDIF.

* vertausche die beiden Elemente... (er vertauscht auch
* gleiche Zahlen!)
        IF vonlinks < vonrechts.
```

```
* Zwischenspeichern beider Tabellenzeilen
            READ TABLE stab INDEX vonlinks INTO zf.
            READ TABLE stab INDEX vonrechts INTO zftausch.

* Modifizieren, sprich: Updaten beider Tabellenzeilen
            MODIFY stab FROM zf INDEX vonrechts.
            MODIFY stab FROM zftausch INDEX vonlinks.
            vonlinks = vonlinks + 1.
            vonrechts = vonrechts - 1.
          ENDIF.
      ENDWHILE.

* rekursiver Aufruf des linken Teilfeldes
      IF grenzlinks < vonrechts.
          PERFORM sortiere_tabelle
              TABLES stab
              USING grenzlinks vonrechts.
      ENDIF.

* rekursiver Aufruf des rechten Teilfeldes
      IF vonlinks < grenzerechts.
          PERFORM sortiere_tabelle
              TABLES stab
              USING vonlinks grenzerechts.
      ENDIF.
ENDFORM.

************************************************
* Befuellen der Tabelle mit Pseudozufallszahlen
FORM befuelle_tabelle
      TABLES      st
      USING       s           TYPE i.

      DATA:       z           TYPE zahlenfeld,
                  yi          TYPE i,
* gepackte Zahl mit 11 Stellen
                  hilf1(6)    TYPE p DECIMALS 0.

      yi = s.

* Befuelle ein Tabellenelement und haenge es an die Tabelle an
      DO 1000000 TIMES.
            hilf1 = yi * 24298.
            hilf1 = hilf1 + 99991.
            hilf1 = hilf1 MOD 199017.

* damit die Zufallszahlen etwas uebersichtlicher werden
            hilf1 = hilf1 MOD 1000.

            yi = hilf1.
            z-ele = yi.
* Anhängen des Feldes mit der neuen Zahl drin an die Tabelle
            APPEND z TO st.
      ENDDO.
ENDFORM.
```

26

Anhang B: Quicksort in JAVA

Kurze empirische Analyse des Laufzeitverhaltens des Sortierens einer Million Pseudozufallszahlen:

Testergebnisse:

1 Million Zahlen, Duron 700 MHz	1. Fall: Zahlen von 0 bis 9	2. Fall: Zahlen von 0 bis 999	3. Fall: Zahlen von 0 bis 999999
mit Vertauschen gleicher Elemente	Laufzeit: 631 ms Vertauschungen: 8,4 Mill.	Laufzeit: 685 ms Vertauschungen: 6,7 Mill.	Laufzeit: 801 ms Vertauschungen: 4,7 Mill.
ohne Vertauschen gleicher Elemente	Laufzeit: 611 ms Vertauschungen: 1,1 Mill.	Laufzeit: 708 ms Vertauschungen: 2,6 Mill.	Laufzeit: 861 ms Vertauschungen: 4,5 Mill.

Auf einem AMD Duron-Prozessor mit 700 MHz benötigte das folgende Programm durchschnittlich etwa 685 ms für die Abarbeitung der rekursiven Sortiermethode bei Zahlen von 0 bis 999. Dieser Wert stellt den Mittelwert von 10 aufeinanderfolgenden Programmaufrufen dar, wobei das Minimum bei 661 ms und das Maximum bei 721 ms lag. Durchschnittlich fanden etwa 6.741.845 Vertauschungen von Array-Elementen und 35.731.635 Zugriffe auf Array-Elemente im Speicher statt.

Das geschwindigkeitsbestimmende Element der Sortiermethode ist jedoch anders als erwartet nicht oder nicht allein in der Zahl der Array-Zugriffe zu sehen, sondern auch darin, wie viele Befehle welcher Art in jedem Schleifendurchlauf ausgeführt werden.

Begründung: Durch Hinzufügen einer Bedingung, die das Vertauschen gleicher Elemente ausschließen soll („if(!(a[i]==a[j]))"), verringerte sich zwar die Zahl der nötigen Vertauschungen um 61,1% auf 2.621.206 und die Zahl der Array-Zugriffe um 8,7% auf 32.609.814, aber die durchschnittliche Laufzeit stieg trotz dieser Einsparungen um 3,35% auf 708 ms. Die Anzahl der Vertauschungen wirkt sich aber dennoch ebenfalls in relevantem Maße auf die Laufzeit aus. Zu erkennen ist dies, wenn man die maximale Größe der Zufallszahlen verändert: Bei einer Million Zufallszahlen von 0 bis 9 werden nicht nur 61,1%, sondern sogar 87,5% aller Vertauschungen durch obige Bedingung eingespart (1,05 Mill. statt 8,4 Mill.). Dies hat zur Folge, dass nun die durchschnittlichen Laufzeiten in der Tat auch niedriger sind (611 ms statt 631 ms). Bei einer Million Zufallszahlen von 0 bis 999999 dagegen werden nur noch 4,3% aller Vertauschungen eingespart (4,5 Mill. statt 4,7 Mill.). Die Laufzeiten sind mit der hier nur geringen Einsparung wie bereits oben zu sehen gestiegen (861 ms statt 801 ms). Durch die geringere Einsparung ist der Anstieg sogar noch signifikanter als beim ersten untersuchten Fall.

Quelltext:

```java
// nötig für Zeitmessung und Arraybefüllung
import java.util.Random;
import java.util.Date;

// Klassendefinition
class quicksort
{
    // Hauptprogramm
    public static void main(String argv[])
    {
        // Zu sortierendes Feld
        int[]    sortfeld = new int[1000000];
        int      i;         // Laufvariable
        int      vert;      // Anzahl vertauschungen
        long     anfang;    // Sortieren ab welchem Element?
        long     ende;      // Sortieren bis welchem Element
        Date     zeit;      // Zeitmessungsvariable
        // Objekt zur Erzeugung von Zufallszahlen
        Random   zufall = new Random();

        // Sortierfeld befuellen
        for (i=0; i<1000000; i++)
        {   sortfeld[i] = Math.abs(zufall.nextInt() % 1000); }

        // Zeitmessung initialisieren
        zeit = new Date();
        anfang = zeit.getTime();

        vert = sortiere(sortfeld, 0, 999999, 0);

        // Zeitmessung reinitialisieren
        zeit = new Date();
        ende = zeit.getTime();
        System.out.println("Zeit: "+(ende - anfang));
        System.out.println("Vertauschungen: "+vert);
    }

    // Sortiermethode
    private static int sortiere(int[] a, int grenzelinks, int
                                grenzerechts, int v)
    {
        // Inhalt des Mittleren Elements
        int median = a[ (grenzelinks + grenzerechts) / 2];
        // von links kommende Markierung
```

```
int  vonlinks = grenzelinks;
// von rechts kommende Markierung
int  vonrechts = grenzerechts;
// nur fuer Tauschzwecke
int  hilf;

do
{
    // linke Markierung auf 1. Element von links,
    // das groesser gleich Median ist
    while (a[vonlinks] < median)
    {    vonlinks++;        }

    // rechte Markierung auf 1. Element von rechts,
    // das kleiner gleich Median ist
    while (a[vonrechts] > median)
    {    vonrechts--;       }

    // Vertauschung desselben Elementes nicht noetig
    if ( vonlinks==vonrechts )
    {    vonlinks++; vonrechts--;    }

    // vertausche die beiden Elemente... (er
    // vertauscht auch gleiche Zahlen!)
    if (vonlinks<vonrechts)
    {
        hilf = a[vonlinks];
        a[vonlinks] = a[vonrechts];
        a[vonrechts] = hilf;
        vonlinks++; vonrechts--; v++;
    }
}

// ...und wiederhole das ganze, bis die beiden
// Markierungen aneinander vorbeigelaufen sind.
while (vonlinks<=vonrechts);

// rekursiver Aufruf des linken Teilfeldes
if (grenzelinks<vonrechts)
{    v = sortiere(a, grenzelinks, vonrechts, v);  }
// rekursiver Aufruf des rechten Teilfeldes
if (vonlinks<grenzerechts)
{    v = sortiere(a, vonlinks, grenzerechts, v);  }

return v;
    }
}
```

Quelle: eigene Programmierung auf Basis der Materialien der Ausbildung zum
Fachinformatiker (Fachrichtung Anwendungsentwicklung).

Anhang C: Syntax von ABAP anhand von Beispielen

Im Quelltext von ABAP wird nicht zwischen Groß- und Kleinschreibung unterschieden [vgl. GUE00, S.15] und jeder ABAP-Befehl endet mit einem Punkt. Wie in anderen Sprachen auch bietet die ABAP-Entwicklungsumgebung den Vorteil, große Teile des Programmtextes, wie Funktionsköpfe, Includes oder Klassen automatisch oder mit Hilfe eines graphischen Werkzeuges zu generieren. Des Weiteren steht in ABAP eine Vielzahl von vordefinierten Systemfeldern bereit, durch die man gebräuchliche Daten, wie z.B. das Systemdatum, aber auch die Anzahl der bisherigen Durchläufe in einer Schleife, ohne vorherige Definition verwenden kann [vgl. GUE00, S.39]. Ein Beispiel für ein lauffähiges ABAP-Programm ist der folgende Quelltext [vgl. FK03, S.89]:

```
* Kennzeichnet den Beginn eines Programmes
REPORT Z_hello_world.
* Eingabe, die Benutzer vor Programmstart zu tätigen hat
PARAMETERS:
     * Variable nickname bestehend aus maximal 15 Zeichen
     nickname(15) TYPE c.
* Bildschirmausgabe
WRITE: / 'Hello World, I am ',nickname,'.'.
```

Analog zu COBOL müssen Konstrukte wie Schleifen und Verzweigungen mit einem eigenen Befehl wie ENDIF wieder abgeschlossen werden. Beispiel [vgl. FK03, S.193]:

```
* Schleife ohne Abbruchbedingung
DO.
     gesamtsumme = gesamtsumme * '1.05'.
     * Verzweigung
     IF gesamtsumme >= zielsumme.
          * Bildschirmausgabe mit Systemfeld
     WRITE: / 'Sie brauchen ', sy-index, ' Jahre, um diese
                    Summe anzusparen.'.
          EXIT.
     ENDIF.
ENDDO.
```

30

Anhang D: Quelltextbeispiele zur Objektorientierung

Beispiel für Definition und Verwendung von Klassen und Objekten [vgl. FK03, S.335]:

```
**********************************************
* Klassendefinition
**********************************************
CLASS hund DEFINITION.
     PUBLIC SECTION.
          * hier nur Methodendefinition
          METHODS:
               bellen IMPORTING anzahl TYPE i.
          * Attribute von Hund-Objekten
          DATA:
               name(20) TYPE c.
ENDCLASS.

**********************************************
* Hauptprogramm
**********************************************
DATA:
     * Objektdeklaration grundsaetzlich als Referenzvariable!
     fiffi TYPE REF TO hund.
* Anlegen eines Objekts, also Reservierung von Speicher
CREATE OBJECT fiffi.
* Methodenaufruf des neuen Objekts mitsamt eines Parameters
CALL METHOD fiffi->bellen
     EXPORTING anzahl = 15.

**********************************************
* Klassenimplementierung
**********************************************
CLASS hund IMPLEMENTATION.
     * hier nur Methodenimplementierung, keine
     * Schnittstellenbeschreibung
     METHOD bellen.
          * anzahl ist der vom Hauptprogramm übergebene
          * Parameter. Siehe Schnittstelle der Methode oben
          DO anzahl TIMES.
               WRITE: / 'WAU!!!'.
          ENDDO.
     ENDMETHOD.
ENDCLASS.
```

Beispiel für Vererbung [vgl. FK03, S.367]:

```
* die Klasse hund wird hier wiederverwendet. Der Unterklasse
* Bobtail stehen dieselben Methoden & Attribute zur Verfügung
CLASS bobtail DEFINITION INHERITING FROM hund.
     PUBLIC SECTION.
          METHODS:
* Kennzeichnet, das diese Methode neu programmiert wird
               bellen REDEFINITION.
ENDCLASS.
```

Durch das Erben von der Klasse „hund" besitzt auch die Klasse „bobtail" ein Attribut „name", ohne das es erneut definiert werden muss. In der Implementierung wird außerdem die von der Klasse „hund" geerbte Methode „bellen" neu definiert. So könnte ein Objekt der Klasse „bobtail" z.B. durch die folgende konkrete Redefinition „Wuff!" statt „Wau!" ausgeben:

```
CLASS bobtail IMPLEMENTATION.
      METHOD bellen.
           * Der konkrete Programmtext der Methode wird neu
           * geschrieben:
           DO anzahl TIMES.
                 WRITE: / 'Wuff!!!'.
           ENDDO.
      ENDMETHOD.
ENDCLASS.
```

Beispiel zur Polymorphie durch Vererbung:

```
* ein Hauptprogramm, vergleiche dazu obige Klassendefinitionen
DATA:
      hund1 TYPE REF TO hund,
      hund2 TYPE REF TO bobtail.
CREATE OBJECT hund1.
CREATE OBJECT hund2.
CALL METHOD hund1->bellen EXPORTING anzahl = 1.
hund1 = hund2.
CALL METHOD hund1->bellen EXPORTING anzahl = 1.
```

Der zweite Methodenaufruf wird, obwohl identisch mit dem ersten, ein „Wuff!" und kein „Wau!" ausgeben, also die in der Klasse „bobtail" redefinierte Methode „bellen" benutzen.

Literaturverzeichnis

[FK03]   Günther Färber, Julia Kirchner: *Praktischer Einstieg in ABAP Objects*, 1. Auflage, SAP Press, 2003.

[MAT02]   Bernd Matzke: *ABAP – Die Programmiersprache des SAP-Systems R/3*, 4. Auflage, Addison-Wesley, 2002.

[WEN01]   Paul Wenzel (Hrsg.): *Betriebswirtschaftliche Anwendungen mit SAP R/3*, 1. Auflage, vieweg-Verlag, 2001.

[GUE00]   Eren Gürkaynar: *Das Einsteigerseminar ABAP/4*, 1. Auflage, bhv Verlag, 2000.

[KK00]   Horst Keller, Sascha Krüger: *ABAP Objects – Einführung in die SAP-Programmierung*, 1. Auflage, SAP Press, 2000.

[MEN00]   Ulrich Mende: *Software Development for SAP R/3*, Springer-Verlag, 2000.

Internet-Quellen:

[IQ1]   http://www.sap.com/germany/aboutSAP/press/press_show.asp?ID=1615
         (Stand: 02. Mai 2004)

[IQ2]   http://v.hdm-stuttgart.de/~riekert/lehre/perl/sld011.htm
         (Stand: 06. Mai 2004)

[IQ3]   http://mindprod.com/jgloss/callbyreference.html
         (Stand: 06. Mai 2004)

weiterführende Literatur:

[AWC03]   „ASAP World Consultancy": *SAP R/3 – Referenz und Anwendungen*, Prentice Hall, 2003.

[KJ03]   Horst Keller, Joachim Jacobitz: *ABAP Objects Reference*, SAP Press, 2003.

[KEL02]   Rainer Kelch: *ABAP Objects – Ein Lehr- und Trainingsbuch für die klassische und objektorientierte Programmierung*, dpunkt.verlag, 2002.

[RIE01]   Rainer Riekert: *ABAP-Programmierung – Fortgeschittene Programmiertechniken für ABAP*, Addison-Wesley, 2001.

[MAN98]   Heinz Dieter Mann: *ABAP/4 Sprachreferenz*, Franzis' Verlag, 1998.